VIDUNDER
PÅ ARLANDA

Karta över
Sverige
N
V
Ö
S

Sjömonstret Selma i Norge
Kebnekaise
Loukusanjärvi-odjuret i Finland
Kiruna
Bottenviken
Höga Kusten
Döda fallet
Kramfors
Bottenhavet
Uppsala
Arlanda
Stockholm
Göteborg
Östersjön
Malmö
Dragsholms-spöket i Danmark

– tidning i Uppsala.

– stentavla vid Arlanda flygplats. Övermålad och gömd i brännässlor.

Legenden om Jack:
Gastar i Göteborg, del 1
Dödskallar i domkyrkan, del 2
Vidunder på Arlanda, del 3
Troll i järngruvan, del 4

FSC
www.fsc.org
MIX
Papper från ansvarsfulla källor
FSC® C002795

Utgiven av Rabén & Sjögren, Stockholm 2020
Tryckt hos Livonia Print Ltd, Lettland 2020
ISBN 978-91-29-71357-2

Rabén & Sjögren ingår i
Norstedts Förlagsgrupp AB, grundad 1823

LEGENDEN OM JACK

av Martin Olczak & Anna Sandler

VIDUNDER PÅ ARLANDA

rabén&sjögren

-1-

TILL NORDLIGASTE NORRLAND

”Hörrudu, Jack! Du kommer att åka till Norrland i en gammal skrotbil … tillsammans med en trollunge!”

Om någon hade sagt så för ett par dagar sedan – ja, då hade jag bara skrattat.

”Mm, visst! Kul skämt!” hade jag nog svarat.

Men nu var det exakt så. Den fallfärdiga bilen mullrade fram på motorvägen – mil efter mil efter mil – och jag halvlåg i baksätet. Det skakade och gnisslade.

Dörrarna var så rostiga att de kunde lossna när som helst, och vinden susade genom ett hål i golvet.

Bredvid mig satt Nåni, den lilla trollungen. Plötsligt ryckte hon i min munkjacka.

– Storebror! Är vi framme snart?

Jag svarade inte. Jag tittade bara ut genom den spruckna fönsterrutan. I mörkret svischade de norrländska skogarna förbi, och tankarna for genom mitt huvud.

Jag hade fått en lillasyster …

Min älskade Ebba hade fötts för bara några dagar sedan. När jag slöt ögonen kunde jag se henne framför mig. Hennes runda kinder och lockiga hår.

Åh, vad jag saknade henne!

Det gjorde ont i hela kroppen när jag tänkte på det som hade hänt. Utbytt mot en trollunge, det hade hon blivit.

Jag plockade upp en tom, gammal saftflaska och viftade med den som om det var en stridsyxa.

SWWWWWOSSHHH!

Jag skulle besegra de där fasansfulla trollen, det hade jag lovat mig själv. Och jag skulle hitta våra föräldrar. De hade också blivit tillfångatagna av …

– STOREBROR! Har du blåbär i öronen? Är vi framme snart?

Med en suck lade jag ifrån mig plastflaskan och såg på trollungen.

– Nej, vi är *inte* framme. Och kalla mig INTE storebror.

Framför oss satt moster Betty. Hon trummade som vanligt på ratten och nynnade på en hårdrockslåt. Bredvid, på handbromsen, satt Rurik och slipade sitt vättesvärd.

Båda såg väldigt allvarliga ut, det kunde jag se i backspegeln.

För några timmar sedan hade vi befunnit oss i domkyrkan i Uppsala. Där hade vi fått höra landets största hemlighet: var Bergadrottningen gömde sig.

Bergadrottningen …

Jag rös bara jag tänkte på henne. Hon var trollens ledare, Nånis mamma – den farligaste varelsen i hela landet.

Det var hon som hade rövat bort Ebba och mina föräldrar. Längst ner i Kirunas järngruva bodde hon, och dit var vi på väg.

– Hur långt är det till den där gruvgrottan egentligen? frågade Nåni.

– Det är ungefär ... öh ... öh ...

Vi skulle åka genom nästan hela Sverige, så mycket visste jag. Upp till nordligaste Norrland. Men hur långt var det?

Betty log i backspegeln.

– 10 timmar, sa hon. Så långt är det kvar till gruvan. Om vi åker i full fart. Utan matraster. Klarar ni det?

Rurik nickade bestämt.

– Självklart! Vi måste komma dit så fort som möjligt! Då kan man inte stanna och glufsa i sig grillkorvar och potatismos och …

Det var allt han hann säga.

Sedan kom en blomsterkrans flygande ur skogen och landade på fönsterrutan, mitt framför ögonen på oss.

Betty stannade tvärt, och vi såg häpet på blommorna. De var färggranna och flätade som bokstäver:

-2-
HÖGAKUSTEN-BRON

Jag har nog aldrig sett någon skratta så mycket som då.

Rurik tog sig för magen och skrattade så att tårarna rann. Han fick gripa tag i handbromsen för att inte trilla ner genom hålet i golvet.

– Maskrosor och blåklockor! tjöt han. Det var det roligaste jag sett på 500 år!

Sedan ställde han sig på tå och ropade genom det öppna bilfönstret:

– TROLL-USLINGAR! HÖR NI MIG DÄR

UTE? DET BEHÖVS MER ÄN GULLIGA BLOMMOR FÖR ATT STOPPA EN VÄTTE! BARA SÅ NI VET!

Men Betty skrattade inte. Med pannan i djupa veck puffade hon bort blomsterflätorna från fönstret med hjälp av vindrutetorkarna. Sedan trampade hon på gaspedalen, och vi åkte vidare med väldig fart.

– Blommor är gulliga, sa hon. Men skogstroll är *inte* det.

Hemma i brödrostverkstan hade jag träffat många slags troll. Bergtroll, gråtroll – ja, till och med ett träsktroll. Men skogstroll hade jag bara sett målade på runstenar och i trolldomsböcker.

– Är de farliga? frågade jag och spejade ut i den svarta skogen.

Då började Rurik skratta igen så att skägget fladdrade.

– Äsch! Små skogstroll är inget att bry sig om!

Så mycket är säkert. Vad ska de göra, va? Kasta lingon på oss kanske? HA! Eller lägga kantareller på motorvägen?

Han klappade glatt på min sko och fortsatte:

– Människopojke! Tänk inte mer på de där fjant-trollen! Ta och sov lite istället. Så väcker jag dig när vi kommer till gruvan. Det låter bra, va?

Jag nickade och kramade hans skrovliga, lilla vättehand. Plötsligt kände jag mig faktiskt ganska trött.

– Det låter jättebra, gäspade jag och lutade mig tillbaka i lädersätet.

Men jag hann knappt blunda. I nästa sekund hördes ett öronbedövande dån och marken skakade under oss. Som en jordbävning.

– HÅLL I ER! ropade Betty.

Hon bromsade så att däcken skrek, och skrotbilen tvärstannade mitt på den tomma motorvägen.

Skräckslagen tryckte jag ansiktet mot fönstret, men det var omöjligt att se något där ute i nattmörkret. Tjocka dammoln virvlade runt bilen.

– Vad hände? sa Nåni och flyttade närmare.

– V-vet inte, fick jag ur mig.

Snart lade sig dammolnen, och nu upptäckte vi vad som hade hänt. Framför oss fanns en väldig bro.

Eller rättare sagt … det hade *funnits* en bro.

Den hade rasat!

Bron var den största och finaste jag sett. Men den var trasig på mitten och hade störtat ner i havet – och det var inte svårt att räkna ut varför.

På asfalten syntes stora, leriga tassavtryck och märken efter en väldig spikklubba. Överallt låg betongklumpar och böjda järnräcken.

Till och med Betty hade svårt att tro sina ögon.

– Trollen! flämtade hon. De har slagit sönder

Högakusten-bron! De har förstört hela motorvägen!

Med andan i halsen tittade jag ner i avgrunden. Långt, långt nedanför syntes skummande vågor.

– Om vi hade åkt en meter till så … så …

– Så hade vi störtat rakt ner i Bottenhavet. Ja, människopojke. Det stämmer bra, muttrade Rurik.

Plötsligt hördes ett tyst, väsande ljud. Jag var tvungen att hålla för öronen, så obehagligt var det.

– Vad är det som låter? frågade jag med pekfingrarna i öronen.

– Ingen aning, hörde jag Betty svara.

Då uppenbarade sig något på bron. I mörkret såg det först ut som rötter, men så tittade fullmånen fram. I det bleka skenet kunde vi se dem tydligt.

– Ormar! utbrast Rurik och höjde sitt svärd.

Ur sprickorna i asfalten kom det fram huggormar. Hundratals … tusentals!

Med gapande käftar slingrade de upp på skrotbilen. De hasade över taket och rutorna, bara några centimeter bort.

Deras gifttänder och röda ögon glänste i månskenet, och deras väsande fick dörrarna att skaka.

Jag kunde inte få ur mig ett ljud, så rädd var jag. Jag satt som förstenad i baksätet och höll Nånis hand.

– Storebror! ropade hon plötsligt. De pratar! De säger något!

Nu hörde jag det också. Ormarna krälade över bilen med vidöppna gap och fladdrande tungor.

Och de väste … ord!

– MÄNNISKODÅÅRAR! FATTAR NI DÅÅÅLIGT? ÅK TILLBAKAAA TILL ER BRÖÖÖDROSTVERKSTAAAD … OM NIIII HAAAR LIIIIIVET … KÄÄÄÄRT!

Det fasansfulla ljudet trängde in genom bilrutorna, och vi kunde höra varje ord. Sedan slingrade ormarna ner från bilen och försvann vid brofästet, in i den svarta skogen.

Den här gången skrattade inte Rurik. Han var alldeles vit om kinderna och svärdet darrade i hans hand.

– Vi måste härifrån, sa Betty. Och det fort!

Ratten knakade när hon vred på den och motorn gav ifrån sig ett mullrande ljud. Med väldig fart svängde hon runt med skrotbilen och körde tillbaka på den öde motorvägen.

Snart hade vi lämnat den sönderslagna bron bakom oss. Då torkade jag svetten ur pannan och såg på min moster i backspegeln.

– Du Betty … det finns väl andra vägar till järngruvan?

Hon svarade inte. Hon blickade bara ut i nattmörkret.

-3-

GAME OVER

Några minuter senare stannade vi utanför en restaurang.

Byggnaden var sliten och låg precis vid motorvägen. På taket lyste en röd neonskylt: *WILLYS VÄGKROG – ALLTID ÖPPET!*

– Men, mumlade jag. Vi skulle ju inte ta några matraster.

– Ibland måste man ändra sig, sa Betty och klev ur bilen.

Utan att säga ett ord klättrade Rurik och Nâni

ner i min ryggsäck. Jag orkade knappt lyfta ut den ur bilen, så tung var den.

Vi skyndade bort över den ödsliga parkeringsplatsen. I dunklet syntes bara en långtradare och några motorcyklar.

Inne i restaurangen fanns nästan inga gäster men massor av prylar, det såg jag när vi klev in. På väggarna hängde svartvita fotografier av gamla rockstjärnor, och i högtalarna spelades en Elvis-låt som vi hade lärt oss på musiklektionerna i skolan.

Vid ett av borden satt en långtradar-chaufför och åt ärtsoppa. Vid ett annat bord satt ett motorcykel-gäng. De hade läderjackor och långa skägg.

– De ser ut som vättar! Eller hur, storebror? tjoade Nåni genom en glipa i ryggsäcken.

Jag blev alldeles röd i ansiktet.

– Mm, mumlade jag och hoppades att motor-

ELVIS
ELVIS
dagens soppa
PRESLEY
SÄFFLE
BIKERS
SÄFFLE
BIKERS
BIKERS

cykelgänget inte hade hört något.

Vi skyndade bort till matdisken. Där tog Betty så mycket att det knappt fick plats på brickan. Ostfrallor, pannkakor med grädde och sylt, pizzabitar, jordgubbs-smoothie och massor av annat.

När kassörskan såg våra fat kunde hon inte låta bli att le.

– Ni måste verkligen vara hungriga, skrattade hon.

– Ja, vrålhungriga, sa jag.

Jag kunde ju inte gärna säga att två sagoväsen satt i min ryggsäck, och att båda var riktiga matvrak.

Vi satte oss vid ett bord längst in i restaurangen, bakom ett flipperspel. När jag var säker på att ingen såg oss klappade jag på ryggsäcken.

– Psst! Ni kan komma fram nu …

Genast kravlade Rurik och Nâni ut på bordet

och började äta. Rurik satte tänderna i en korvsmörgås.

– Ganska gott … ja, för att vara människomat, lade han till med munnen full.

Men jag var inte det minsta hungrig. Ur bakfickan plockade jag istället fram Sverigekartan, den som vi hade hittat i skrotbilen. Jag vecklade ut kartan på bordet och studerade den noga.

– Okej, motorvägen upp till Kiruna är förstörd. Men det finns massor av andra vägar. Titta! Här går en liten väg genom … öh … Kramfors heter det. Vi kan åka där istället! utbrast jag och pekade ivrigt på kartan.

Betty smuttade på sitt rykande kaffe. Sedan ställde hon ifrån sig muggen och tittade på mig. Aldrig någonsin hade jag sett henne så dyster.

– Jack, suckade hon. Vi kan inte åka vidare. Du såg ju vad skogstroll kan göra. Om vi fortsätter så … ja, då är det slut med oss. Sorry grabben, men det finns inget vi kan göra. Det är game over.

Det kändes som att luften försvann ur mina lungor.

– Men … men … Vi kan inte bara sitta här! Vi måste befria Ebba! Vi måste! FATTAR NI?

Då nickade Nåni.

– Storebror, sa hon. Jag fattar precis!

Vi satt i ett avskilt hörn av restaurangen, och det var tur. Nu skrek jag nämligen så att ketchupflaskorna skakade på borden.

– Du fattar ingenting! INGENTING! Min lillasyster har blivit bortrövad. Mamma och pappa också. Av dina onda trollsläktingar. Hela min familj är borta. Försvunnen! Men du fattar inte sånt. För du är bara en korkad, liten trollunge!

Det blev alldeles tyst runt bordet. Elvis-låten i högtalarna var det enda som hördes.

Så lade Betty armen om mig och sa:

– Vet du vad, Jack. Nåni förstår nog mer än du tror. Hon har ju också blivit av med sin familj. Glöm inte det. Hon är en bortbyting. Det är nog lika hemskt som att vara bortrövad, eller hur?

Jag nickade. Plötsligt hade jag en stor klump i halsen.

Nåni hade blivit bortbytt av sin egen mamma. Det var så sorgligt att jag knappt ville tänka på det.

Jag sköt undan pannkakstallriken. Sedan kramade jag Nånis lurviga trolltass och fick ur mig ett enda ord:

– Förlåt …

Då tittade Nåni på mig. Hennes ögon glittrade och det droppade jordgubbs-smoothie från hennes haka.

– Storebror, sa hon. Vi ska befria din Ebbasyster. Det lovar jag!

– Det är nog omöjligt, suckade jag. Betty har

rätt. Skogstrollen och deras huggormar kommer att fånga oss direkt. De vet ju hur vi ser ut, lade jag till och pekade på mitt ansikte.

– Äsch! fnös Nåni. Se inte ut så där då!

Ibland blir man så lycklig att det börjar bubbla och pirra i hela kroppen. Så var det nu. Jag hoppade upp med sådan fart att stolen slog i golvet.

– Nåni! ropade jag. Du har rätt!

Sedan såg jag på Betty och Rurik och viskade:

– Jag vet hur vi ska lura trollen …

-4-
HÄXKONSTER I NATTEN

Jag kunde knappt stå still, så ivrig var jag.

– Kommer ni ihåg när jag hade vinterkräksjuka och var hemma från skolan en hel vecka? Minns ni det?

Betty och Rurik nickade förvånat.

– Ja …

– Då, fortsatte jag, låg jag i sängen och drack honungs-te och läste trolldomsboken, och jag hittade massor av bra häxkonster. Den här till exempel!

Ur ryggsäcken tog jag fram trolldomsboken. När jag fann rätt sida höll jag upp den i taklampans sken.

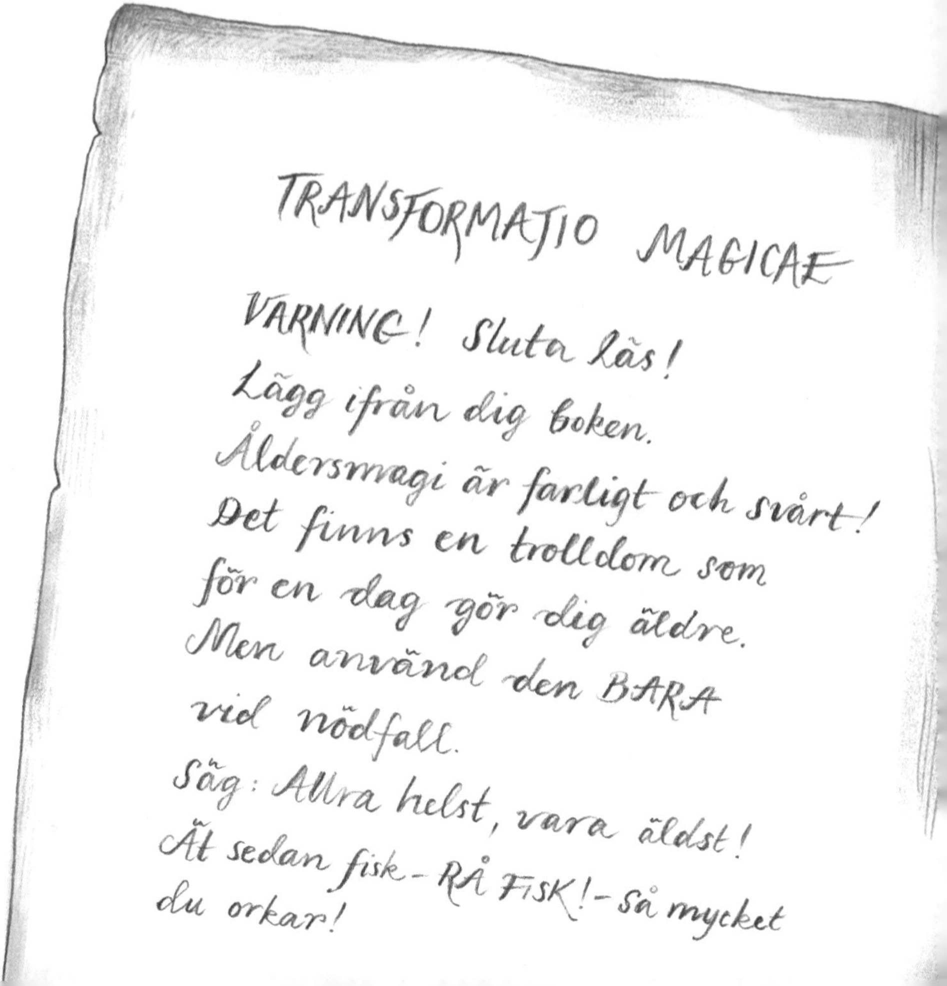

Med ett darrande finger pekade jag på våra spegelbilder i fönstret.

– Trollen letar efter en tioårig pojke, eller hur? Och en kvinna som är 35. Så vi måste bli …

– Äldre! utbrast Betty och rufsade om mitt hår. Bra idé, grabben!

– Jo, jo! muttrade Rurik. En makalös idé! Det klokaste och modigaste jag hört sedan 1600-talet! Men, människopojke, det här är ingen fiskebåt ute på havet, eller hur? Hur ska vi få tag på rå fisk, va?

Den där härliga, pirrande känslan i min kropp försvann genast.

– Åh, nej! Det tänkte jag inte på!

Men Betty log bara.

– Inga problem! sa hon och skyndade bort till matdisken.

Snart kom hon tillbaka, och jag kunde inte

låta bli att skratta när jag såg den fullproppade tallriken.

– Sushi!

– Japp, sa Betty. Smarrigt blir det. Men det här är ingen bra plats för trollkonster. Kom!

Tillsammans smög vi ut genom bakdörren – Betty, Rurik, Nåni och jag. Dörren gled igen efter oss med ett gnisslande ljud, och vi såg oss omkring.

Vi befann oss på en liten bakgård. Nästan kolsvart var det, men Betty slog på sin mobiltelefon och lyste upp gården. Här fanns bara soptunnor, konservburkar och ölbackar täckta av spindelväv.

– Perfekt! sa hon.

Rurik nickade.

– Jo. Men det kan gömma sig trollspioner överallt! fräste han och stampade efter en råtta.

Sedan sneglade han på trolldomsboken i min hand.

– Du, Jack. Hur funkar de där häxkonsterna egentligen?

– Finns nog bara ett sätt att få veta, svarade jag.

Betty nickade i dunklet. Vi satte oss på varsin rostig plåtburk – hon och jag – med tallriken mellan oss.

– Jack, är du verkligen redo för det här? sa hon och kramade om mig.

– Mm … tror det.

Aldrig någonsin hade jag utfört så här farliga trolldomskonster. Jag försökte låta modig och lugn, men min röst darrade lite när jag sa den där gåtfulla ramsan:

– *Allra helst … vara äldst.*

Sedan började vi proppa i oss. Lax, tonfisk, bläckfisk, svärdfisk. Sushi är bland det godaste jag vet, men efter 19 bitar kunde jag inte få i mig en tugga till.

– Tar jag en till så spricker jag! stönade jag och tog mig för magen.

Rurik ryckte genast i mitt byxben.

– Ät, människopojke! Du ser ju fortfarande ut som en tioåring! Det duger inte! Om vi ska lura trollen så måste du ....

Då hände något.

Jag blev brännhet – som om jag hade feber. Svetten forsade och tänderna klapprade. Men bara en kort stund.

Jag torkade svetten ur pannan och flämtade:

– Funkade det?

När jag hörde min röst stelnade jag till som en staty. Det var jag som pratade, men jag lät nästan som ...

Som pappa!

Och jag var så lång att jag slog huvudet i stuprännan när jag reste mig. Jag var tvungen att huka mig under taket.

GULA
ARTOR
KROSSADE
TOMATER

– H-har … har jag vuxit?

Nåni log brett och svarade:

– *Du* har vuxit, storebror … men inte kläderna.

Jag rusade fram till ett smutsigt fönster och torkade bort allt damm. När min spegelbild syntes kippade jag efter andan.

Min munkjacka satt så tajt att jag knappt kunde röra mig. Gympaskorna hade spruckit så att tårna tittade fram, och jeansen såg ut som kortbyxor. Men det var inte det konstigaste …

Sakta höjde jag handen och kände på mitt ansikte.

– M-m-mustasch … jag har mustasch!

Jag såg ut som en vuxen – mycket äldre än mina föräldrar. Jag hade en stor, buskig mustasch och var nästan flintskallig.

Då hördes en gammal, skröplig röst i nattmörkret.

– Dags att åka, grabben! Du får spegla dig sedan!

Jag vände mig om och stirrade.

Där, framför mig, stod en gumma. Hon måste ha varit minst 100 år. Hennes hår var vitt och ansiktet rynkigt. Men hårdrockströjan och de snälla, bruna ögonen kände jag genast igen.

– Betty!

– Japp, stämmer bra det! skrattade hon med den där skröpliga rösten. Kom nu! Vi har inte en sekund att förlora!

Hon stödde sig mot min arm och tillsammans vandrade vi bort över den mörka parkeringsplatsen. Men Rurik stannade inte vid skrotbilen.

– Den skräphögen har trollen sett! Den kan vi inte åka med! sa han och skyndade vidare.

– Men … Hur ska vi åka då? ropade jag efter honom.

– Med DEN såklart! svarade han och pekade på något längre bort.

Det var en av motorcyklarna som stod på parkeringen. Silverfärgad var den och den glittrade i månskenet.

– En motorcykel! fick jag ur mig. Ska vi sno en motorcykel?

Rurik blev knallröd i ansiktet.

– SNO? fräste han. Vi vättar snor aldrig något! ALDRIG NÅGONSIN! Begriper du det, människopojke?

Så strök han sitt skägg och lade till:

– Men vi kan ju låna!

Han drog sitt svärd och skrev några krokiga ord i gruset:

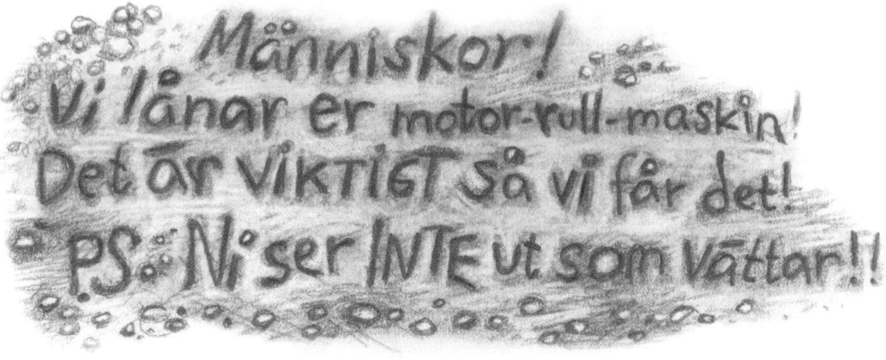

Sedan kröp han ner i läderväskan som hängde på sidan av motorcykeln.

– Hörrudu, Betty! ropade han. Du kan starta sådana här maskiner, eller hur?

Bettys rynkiga ansikte sprack upp i ett leende, och hon plockade fram ett hårspänne ur bakfickan.

– Självklart!

I vanliga fall – hemma i Gamla Stan – brukade Betty hoppa upp på sin motorcykel, nästan som en cirkusartist. Nu hasade hon långsamt upp på lädersitsen.

– Så där ja! pustade hon och började mecka med hårspännet.

Det tog bara några sekunder. Motorcykeln startade med ett öronbedövande muller och Betty sneglade bort mot restaurangen.

– Skynda er! De där motorcykel-gubbarna gillar nog inte att man lånar deras grejer.

Nåni kravlade ner i läderväskan och jag hastade upp på motorcykeln, med armarna om Betty.

– Okej, sa hon. Mot järngruvan!

Sedan åkte vi bort i natten. Så fort att gruset sprutade.

-5-
BERGADROTTNINGENS DOTTER

Vi åkte norrut med väldig fart. Landsvägen ringlade fram genom den svarta skogen, förbi bondgårdar och nerlagda fabriker.

Bettys vita hår piskade i nattvinden, och hon ropade:

– Sitter du bra, grabben?

– YES! svarade jag. Jättebra!

Vilken syn det måste ha varit …

En 100-årig gumma som åkte motorcykel mitt i natten, och bakom henne satt en man med

fladdrande mustasch och alldeles för små kläder.

När vi körde förbi en långtradare såg jag hur chauffören stirrade på oss med stora, häpna ögon.

Efter en halvtimmes färd tittade solen fram över trädtopparna. Skogen blev ljusare och dimman lättade.

Jag satt där bak på lädersitsen, med armarna om min moster, och tjoade lyckligt:

– Tio timmar! Utan matraster! Sedan är vi framme, eller hur?

– Japp! skrattade Betty. Stämmer bra!

För varje minut kom vi närmare järngruvan. Närmare min kära Ebba. Snart skulle vi befria henne och …

Då lade jag märke till något underligt på landsvägen och ropade för att överrösta motordånet:

– Oj! Vilken konstig tunnel!

– Det ÄR ingen tunnel! skrek Rurik i läderväskan.

Jag får ont i magen bara jag tänker på det som hände sedan.

Hur många troll som gömde sig där i skogsbrynet vet jag inte. Men en sak är säker. Stora och fasansfulla var de.

Det största trollet tittade fram över trädkronorna. Hans ögon var blodröda och ondskefulla, och han höll i en väldig säck.

Ja, det var en säck – ingen tunnel.

Betty bromsade så tvärt att det rök om motorcykelns däck, men vi hann inte stanna. Vi åkte rakt in i säcken.

– NEEEEEEJJJJJ! SLÄPP UT OSS!

Jag skrek så högt jag kunde, men det hjälpte förstås inte.

Det väldiga skogstrollet kikade in i säcken. Hans ansikte täckte hela öppningen, och det blåste som en stormvind när han röt:

– MÄNNISKO-TOK! Oss kan du INTE lura

med häxkonster! HA! Du ser kanske UT som en gubbe! Men du luktar BARN!

Sedan knöt han säcken och det blev alldeles svart.

– ÖPPNA! Annars får du smaka på en vättes vrede! vrålade Rurik.

Men det enda svar han fick var ett rungande skratt.

Jag har ingen aning hur länge vi låg där i mörkret. Vi försökte fly såklart. Rurik högg med sitt svärd och jag använde alla trolldomskonster som jag hade lärt mig. Men det var omöjligt att ta sig ut.

– Trolltyg! suckade Betty. Säcken är vävd av äkta trolltyg. Det går inte att komma ut!

Trollen klampade bort över träd och berg med jättekliv. De måste ha vandrat genom halva Sverige. Det skumpade och skakade i många timmar.

– Storebror! viskade Nâni i dunklet. J-jag … jag är rädd.

– Var inte rädd, sa jag och kramade hennes lurviga hand. Allt kommer att gå bra, Nâni. Allt kommer att gå bra.

Hon kunde inte se tårarna som rann längs mina kinder. Det var ju en lögn, det där som jag hade sagt.

Allt skulle *inte* gå bra …

Vi hade misslyckats, det förstod jag nu. Vi skulle aldrig hitta Ebba.

Aldrig någonsin!

Och vad skulle hända med oss?

De tankarna hade jag i huvudet när trollen stannade till sist. Då hade jag gråtit så mycket att ögonen sved och det gjorde ont i hela kroppen.

Säcken öppnades med ett ryck, och det väldiga trollet slängde in oss i en järnbur. Skräckslagen tittade jag mig omkring.

Buren hängde högst upp i en väldig grotta, det såg jag nu. Den dinglade i en rostig kedja från taket.

Långt nedanför oss brann en brasa. Det var några trästockar som pyrde och sprakade i en bergsskreva. Annars hade det varit kolsvart.

I eldslågornas sken syntes trollen. De hade samlats runt buren och tittade på oss med stora ögon.

Jag rusade fram till järngallret och skrek så att det ekade i grottan:

– Var ÄR vi någonstans? VA? SVARA!

Då flinade stortrollet så att spottet rann mellan de krokiga tänderna.

– MÄNNISKO-DÅRE! skrattade han. Vi är LÅÅÅNGT från järngruvan! Det är ALLT du behöver veta!

Sedan vände han sig mot Nåni, och nu blev han som förbytt. Han bugade sig djupt, och bakom honom viskade trollen i mun på varandra:

– Titta! Bergadrottningens dotter ... i vår grotta!

– Jo, jo! Vilken ära!

De släppte ut Nåni ur buren och stortrollet lyfte försiktigt ner henne till marken. Så frågade han med darrande röst – ja, han lät nästan skräckslagen:

– Är det något du ö-önskar? K-kan vi göra något för dig?

SLÄPP UT MIN STOREBROR! NUUU!

Det trodde jag att Nåni skulle säga. Men det gjorde hon inte.

Istället satte hon sig bekvämt till rätta i en stol som var gjord av mossa och grankvistar, och hon ropade:

– Jag är hungrig! Ge mig mat!

Så lade hon till:

– Och stäng människoburen! Mamma blir arg om de smiter!

-6-
MÄNNISKOBUREN

Att bli lurad är nog det värsta som finns.

Jag stod där – med ansiktet mot gallret – och stirrade på Nåni. Jag var så arg att jag skakade.

– VIDRIGA TROLLUNGE! Du LOVADE att hjälpa mig! DU LOVADE!

Mitt skrik ekade mellan bergväggarna.

LOVADE … LOVADE … LOVADE …

Men Nåni brydde sig inte det minsta. Hon proppade bara i sig av maten som hon fått och trollen skrattade.

Sedan hissade de upp buren ännu högre. Det svindlade för ögonen, så långt ner till marken var det.

Bedrövad lutade jag pannan mot det kalla, rostiga gallret.

– Vi kommer aldrig ut härifrån, suckade jag. Aldrig! Den här trollgrottan kommer att bli vår grav.

Då hördes en röst i mörkret:

– Nej, min vän. Du får inte ge upp!

Med ett ryck vände jag mig om, och nu märkte jag att det fanns andra fångar här uppe i järnburen. Längst in i dunklet stod två skepnader.

– Hejsan, viskade en av dem. Var inte rädd för oss.

– Vi är vanliga människor, sa den andra och klev närmare.

Deras ansikten lyste upp lite i eldsflammornas

sken, och jag blev så häpen att jag knappt kunde andas.

Jag rusade fram till de två gestalterna och omfamnade dem.

– Mamma … pappa!

Ja – det *var* mina föräldrar.

Men de tittade förvånat på mig, och det var inte så konstigt. De blev ju kramade av en flintskallig gubbe.

– J-Jack? stammade pappa. Är det verkligen du?

– Ja, det ÄR jag! Jag lovar! Rurik är ju här … titta! Och det där är Betty! ropade jag och pekade på den vithåriga gumman.

Så fortsatte jag med andan i halsen:

– Alltså … Jag vet att det låter superkonstigt! Men det är SANT! Jag använde gamla svartkonster! Ja, ni vet, för att lura trollen! Men …

– Men det funkade inte riktigt? log mamma och drog i min mustasch.

– Njäe … inte riktigt.

Och nu kunde jag inte låta bli att le, jag också.

Åh, vad underbart det var att få kramas och skratta med mamma och pappa igen!

Tillsammans med Betty och Rurik satte vi oss ner – på det kalla järngolvet – och pratade om allt som hade hänt. Med dämpad röst berättade jag om den fasansfulla morgonen på hotellet i Göteborg.

Jag berättade om gårdstomtarna på bensinmacken.

Om Carl von Linné. Om svartkonsterna i domkyrkan. Och huggormarna på den sönderslagna bron.

Mina föräldrar satt där och lyssnade, alldeles knäpptysta.

Men när de fick höra om Bergadrottningen reste de sig upp, och deras ögon gnistrade av ilska. Mamma ryckte i järngallret och pappa fräste:

– Bergadrottningen! Det trodde jag aldrig!

– Vi måste ta oss till järngruvan, muttrade mamma. Och det fort! Ni minns väl Ebbas födelsemärke?

Jag nickade.

När min syster föddes hade hon ett födelsemärke på armen – en sjua. Men den första natten, vid midnatt, hade märket förvandlats till en sexa.

Och natten efter det till en femma. Så fungerar svartmagi.

Nu räknade jag nätterna som gått sedan dess. När jag räknat klart kippade jag efter andan:

– EN ETTA! Inatt blir Ebbas födelsemärke en etta!

Pappa och Betty nickade.

– Men ... men ... , flämtade jag. Vad händer sedan?

Mammas ansikte syntes knappt i mörkret. Men tårarna glänste på hennes kinder när hon viskade:

– Vet inte, Jack. Jag vet inte.

-7-

DEN VIDRIGASTE VARELSEN

Timmarna som följde var nog de värsta i mitt liv.

Helt förtvivlad satt jag där och tittade på pappas armbandsklocka. Jag kunde inte slita bort blicken. När timvisaren pekade på tolv fick jag en klump i magen.

– Midnatt, viskade jag. Nu blir Ebbas födelsemärke en etta.

Betty nickade dystert.

– Idag måste vi befria henne, annars …

Hon sa inget mer. Det gjorde ingen av oss. Vi tittade bara ut genom gallret. Tysta och frusna och så hungriga att det gjorde ont i magen.

Brännässlor och regnvatten, det var allt vi hade fått att äta.

Långt nedanför oss syntes skogstrollen. De åt och sjöng och skrattade runt ett bord. Jag kunde höra deras visor och känna lukten från den puttrande kaningrytan.

Den som lät mest var Nåni. Hon satt där, i den mossbeklädda stolen, och skränade glatt.

När jag såg henne kändes det som att blodet kokade i mig, så ursinnig blev jag. Jag fräste mellan tänderna:

– Hon är den vidrigaste jag träffat! Någonsin! Jag HATAR henne!

– Lita aldrig på ett troll, muttrade Rurik. Så mycket är säkert. Det är de lömskaste varelserna i landet. Värre än jättar och träsktomtar!

Jag grep tag i gallret och suckade:

– Åååh! Om vi bara kunde ta oss ut!

Flera gånger hade jag försökt att öppna låset, men det var omöjligt. Här i buren fungerade inte mina ramsor och trolldomskonster.

Snart slutade också åldersmagin att verka. Plötsligt började Bettys rynkor att försvinna. Hennes vita hår blev mörkt, och jag blev åter en tioårig pojke.

– Skönt att få se riktiga Jack igen, log pappa och gav mig en kram.

– Mm, mumlade jag.

Men jag kunde förstås bara tänka på en enda sak.

Ebba – min älskade lillasyster …

Hon var fångad i en järngruva, längst uppe i Norrland. Och vi satt här – inlåsta i en bur – och kunde inget göra.

Inget alls!

Jag gömde ansiktet i händerna och grät så att munkjackan blev alldeles blöt.

Då – när allt kändes som mest hopplöst – då viskade någon i dunklet:

– Psst, kom! Skynda dig, storebror!

-8-
VÅR ENDA CHANS

Med bultande hjärta hoppade jag upp och flämtade:

– NÅNI!

Hon stod där på burens kant och tittade in genom järngallret. Hennes ögon glittrade i dunklet.

– Tyst, storebror, viskade hon. De kan vakna!

Nu lade jag märke till trollen. De hade somnat runt lägerelden nedanför och snarkade så att lågorna fladdrade.

Nåni plockade fram en rostig nyckel. Hon stoppade den försiktigt i låset och vred om. När gallerdörren öppnades log hon glatt och vinkade åt oss att komma.

– Du är faktiskt ganska modig du, mumlade Rurik. Ja, för att vara en trollunge.

Då hukade sig mamma ner och gav Nåni en kram.

– Väldigt modig! sa hon. Men nu måste vi skynda oss. Trollen kommer inte att sova länge till.

Betty klev längst ut på kanten och spejade ner i avgrunden.

– Vi måste vara tysta som kyrkopysslingar, viskade hon. Annars kommer vi aldrig ut härifrån.

Alla nickade – sedan började vi klättra.

Att klättra nerför en rostig kedja är inte lätt. Den gungade hit och dit, och varje gång det gnisslade trodde jag att trollen skulle vakna.

– Schyyy! väste Rurik i dunklet.

När vi kom ner vågade jag inte ens pusta ut. Vi smög bort mot grottöppningen och jag höll andan hela vägen.

Trollen sov huller om buller på jordgolvet, och pappa viskade i mitt öra:

– Jack, se upp så du inte trampar på en svans!

Jag nickade och tassade vidare. Här fanns också råttor och glödande trästockar och många andra saker som jag inte ville trampa på.

Betty gick längst fram. När vi kom till grottöppningen stannade hon tvärt, och jag såg genast varför: stortrollet sov där med sin spikklubba och snarkade högt.

– Finns bara en väg ut. Där! viskade Betty.

Under trollets armar fanns en glipa, det var *där* Betty pekade. Det såg ut som en lång och trång och hårig tunnel.

Jag tittade förskräckt på min moster och ville säga: *Är du galen? Det är* OMÖJLIGT *att komma ut där!*

Men det sa jag inte.

Istället nickade jag tyst. Sedan lade jag mig raklång på jordgolvet och började hasa fram, efter Nåni och mina föräldrar.

Jag har gjort många otäcka saker i mitt liv. Men att krypa under ett sovande troll är nog det värsta.

Jag kröp där – under den håriga varelsen – och tänkte bara en sak: *Vakna inte, vakna inte, vakna inte!*

Trollet sov med vidöppen mun. När jag krälade förbi var jag så nära att jag kunde röra vid hans tänder. De var gula och ruttna och täckta av matrester.

Jag trodde aldrig att vi skulle klara oss …

Mamma trasslade in sig i hans toviga skägg, och pappa fastnade med byxbenet i spikklubban. Då grymtade stortrollet i sömnen och vred på sig. Men han vaknade inte, och till sist lyckades vi komma ut.

– Äntligen! muttrade Rurik och borstade av sig några skalbaggar.

Alldeles genomsvettig reste jag mig upp utanför grottan. Jag hade inte sett solen på flera dagar och det stack i ögonen när jag tittade mig omkring.

– Hitåt! viskade Nåni. Hitåt ska vi!

Hon smög in i urskogen och vi skyndade efter, bort från det väldiga berget där trollen bodde.

Skogen var så tät att vi knappt kunde ta oss fram. Vi snavade över stubbar och blåbärsris, och flera gånger fastnade min munkjacka i

träden. Det kändes som att grenarna försökte hålla fast mig.

– Mamma ... pappa, pustade jag. Vad kommer trollen att göra nu? Ja, när de märker att vi har rymt?

Jag visste förstås redan svaret. De skulle jaga oss, och de skulle vara argare och farligare än någonsin.

Mina föräldrar sa inget. De såg bara på mig och nickade dystert, som om de hade läst mina tankar.

Förmiddagssolen strålade över trädtopparna, men nere i skogen var det ändå mörkt. Mellan träden syntes lysande ögon och skepnader som rörde sig.

– Är det rådjur? viskade jag.

– Ja ... kanske, sa Rurik.

Men han gick allt fortare, och jag såg att han greppade sitt svärd.

Efter några minuter kom vi till en glänta. Där, under granris och brännässlor, var det något som låg gömt.

Något stort och rött …

– VÅR BIL! ropade jag och sprang fram till den.

För några dagar sedan – när vi åkte till Göteborg – hade den varit hel och fin. Nu såg den ut som skrotbilen.

Avgasröret var böjt och taket buckligt. De spruckna fönsterrutorna var täckta av lera, och i baksätet stod en kråka och hackade på en av mina serietidningar.

När jag öppnade dörren kraxade kråkan och flög iväg, ut genom ett hål i taket. Oroligt såg jag mig omkring i bilen.

– Tror ni att den funkar? frågade jag.

– Finns bara ett sätt att få veta. Eller hur? svarade Betty med ett leende.

Tillsammans borstade vi av allt ogräs och

torkade bort smutsen så gott det gick. Sedan satte vi oss i bilen. Mamma bakom ratten och pappa bredvid. Vi andra trängde ihop oss i baksätet.

Det hördes nog i hela skogen när mamma vred om startnyckeln och motorn mullrade igång.

– Yes, den funkar! sa hon och trampade på gaspedalen.

Någon riktig väg fanns inte, men hon körde på en smal stig som ringlade bort genom urskogen.

Det var en otäck färd. Bilen skumpade sakta fram över stenar och mossiga rötter. Tallkottar föll på taket med tunga smällar – *BOFF! BOFF! BOFF!* – och trädgrenarna slog mot fönstret.

För första gången sedan vi rymt sneglade jag på Nåni.

Åh, vad jag skämdes! Jag kunde inte låta bli att tänka på allt jag hade sagt i trollgrottan. Att hon var den vidrigaste jag mött.

Att jag hatade henne ...

Hur säger man förlåt för något sånt?

Jag sa ingenting alls. Jag tog bara hennes lurviga, lilla trollhand i min och kramade om den.

Och så log vi lite, båda två.

Sedan satt vi där i baksätet – hand i hand – och tittade ut på de mörka tallarna som tryckte sig mot fönsterrutorna.

Efter några minuter kom vi fram till en motorväg. Då blev jag så glad att jag höjde nävarna i luften.

– JAAA! Nu åker vi raka vägen till järngruvan! tjoade jag och tittade norrut.

Men mamma svängde åt andra hållet. Förskräckt lutade jag mig fram mellan lädersätena och flämtade:

– Mamma! Vänd om! Gruvan ligger ditåt! DU ÅKER ÅT FEL HÅLL!

Men mamma vände inte om. Hon körde bara

ännu fortare, och pappa sneglade på mig i backspegeln.

– Jack, sa han. Ibland måste man åka fel för att komma rätt. Vänta får du se.

Med väldig fart fortsatte vi söderut på motorvägen. Förbi bensinmackar och stora åkrar, och för varje minut kom vi längre bort från järngruvan.

Längre bort från Ebba …

Plötsligt passerade vi en vägskylt. När jag läste vad som stod på den trodde jag knappt mina ögon.

– Arlanda?

– Japp, sa Betty. Stämmer bra.

Framför oss syntes den stora flyg-terminalen, och när jag tittade upp mot himlen såg jag fler flygplan än jag hann räkna.

– Ska vi … *flyga?*

Det blev knäpptyst i bilen. Pappa nickade

bara allvarligt och spejade bort mot terminalbyggnaden.

– Men ... men ..., fick jag ur mig. Vi har faktiskt med oss en vätte och en trollunge! Har ni glömt bort det? Vi kan inte flyga! Det GÅR inte!

Då klappade Rurik på mitt ben och muttrade:

– Det är vår enda chans, människopojke. Vår enda chans.

-9-
ARLANDA

Några minuter senare gick vi in i Arlandas väldiga flygterminal – mina föräldrar, Betty och jag.

Bilen hade vi ställt på en parkeringsplats, och Rurik och Nåni gömde sig knäpptysta i min ryggsäck.

– Hitåt ska vi, sa mamma och skyndade bort mellan alla caféer och incheckningsdiskar.

Här kryllade det av människor från jordens alla hörn. De pratade engelska, spanska, japanska, och många andra språk som jag aldrig hade hört.

eheran
okyo
ingapore
huket
New York

En del sprang – andfådda och svettiga – för att hinna med sina flygplan. Andra växlade pengar eller vägde sina resväskor.

I taket hängde stora tv-skärmar. Där hann jag läsa några av städerna som flygplanen skulle till: New York, Shanghai, Malmö, Paris.

Oroligt tittade jag mig omkring. Nästan överallt fanns det vakter, och plötsligt fick jag syn på en skylt.

Säkerhetskontroll, stod det på den.

Jag blev alldeles stel i kroppen och ryckte i Bettys skinnjacka.

– Psst! Det här kommer aldrig att funka. Titta! Man måste ställa sin väska i en sån där röntgenmaskin! Det går inte att flyga med vättar och troll. Det är omöjligt!

– Vi får väl se, sa Betty och skyndade vidare.

Överallt fanns biljettautomater och kontor där man kunde köpa flygresor. Men mina föräldrar hastade bara förbi, och jag hörde hur de pratade bekymrat:

– Älskling, sa pappa. Vad tror du hon kommer att göra? Ja, när vi dyker upp så här plötsligt?

– Vet inte, suckade mamma. Först måste vi hitta henne. Eller hur?

De letade länge. Jag trodde nästan att de gått vilse i flygterminalens korridorer. Men till slut stannade de vid en undangömd godisautomat.

Där – på ett litet tuggummipapper som var fastklistrat på väggen – stod det skrivet med spretiga bokstäver: *TERMINAL 6*

– Måste vara här, va? sa pappa.

– Ja, svarade mamma och kastade en blick över axeln.

När hon var säker på att inga människor var i närheten rörde hon vid godisautomaten med sitt vänstra lillfinger. Sedan viskade hon några märkliga ord:

– *Hashena grålesh mi hana té.*

Det var älvornas språk, det förstod jag. Jag hade aldrig hört det förut, men jag visste att mamma hade lärt sig älviska långt innan jag föddes.

I samma sekund som hon sa det sista ordet hördes ett knarrande ljud. Sakta började godisautomaten glida åt sidan, och där – i stengolvet – syntes en öppning.

– Är … är det en lönngång? sa jag.

Pappa nickade.

– Skynda dig att klättra ner, Jack. Den är inte öppen länge.

Vi hann precis hoppa ner i hålet. Sedan gled godisautomaten tillbaka med ett knak, precis över huvudet på oss.

Nästan becksvart blev det. Men här och var på jordväggarna satt brinnande vaxljus som lyste upp lite grann.

– Kom! sa mamma. Den här vägen!

Med raska steg trevade hon sig bort i halvdunklet. Vi andra följde efter, och Rurik och Nåni hoppade ner från ryggsäcken.

Vi befann oss i en lerig tunnel, det märkte jag nu. Den var trång och fuktig. Överallt fanns gyttjepölar, och på väggarna slingrade sig feta daggmaskar.

– Här har jag inte satt min fot på 300 år, muttrade Rurik och drog sitt svärd.

Tunneln var inte till för människor, det var uppenbart. Pappa slog huvudet i taket flera gånger, och jag fick ta långa kliv för att inte trampa i lerpölarna.

Men Nåni såg sig omkring med stora, glada ögon.

– Min gammelfarfar brukade berätta om Arlanda, viskade hon. Men jag trodde att han bara hittade på. Att det var en godnattsaga!

– Nej, sa mamma. Någon saga är det inte.

Försiktigt smög vi vidare genom tunneln, och snart kom vi till ett skynke. Det var flätat av fågelfjädrar.

Mina föräldrar sneglade nervöst på varandra, det märkte jag. Sedan drog mamma undan skynket, och tillsammans klev vi in genom dörröppningen.

Vi befann oss i en väldig jordhåla. I taket hängde massor av elkablar, och trädrötter ringlade överallt.

På väggarna satt brinnande facklor. I eldsflammornas sken kunde jag se några av föremålen som stod gömda här. De var dammiga och täckta av spindelväv, men jag kände igen dem ändå.

– Kvastar! ropade jag. Riktiga flygkvastar! Såna som häxorna flög på!

Då hördes en dyster röst, precis över mitt huvud:

– Ja, trollkunniga pojke. Det stämmer.

-10-
TAMANDRA

Jag tittade upp och såg varelsen som svävade under taket.

Det var en älva, det förstod jag genast. Hon var liten som ett mjölkpaket och vingarna slog i luften. Hennes hår var silvrigt och ögonen sorgsna.

Mamma klev närmare och hälsade på älvornas vis, finger mot finger.

– Tamandra, kära vän. Vad trevligt att se dig igen. *Lå hemaja!* sa hon på älviska.

– *Lå hemaja!* svarade älvan och rörde mammas fingertopp.

Jag kunde inte låta bli att titta mig omkring i jordhålan. Den var fullproppad med slitna, gamla föremål.

Här fanns kvastar, kompasser och flygande mattor. På väggen hängde en världskarta full med jättefåglar och bevingade odjur.

I ett hörn stod en runsten. Den blodröda vikingaskriften syntes tydligt i facklornas sken:

ᚨᚱᛚᚨᚾᛞᚨ ᛞᛖᚱ ᚹᛁᛞᚢᚾᛞᛖᚱ ᚠᛚᛇᚷᛖᚱ

På jullovet hade Betty lärt mig vikingarnas krångliga bokstäver. Nu läste jag sakta vad det stod:

– *Arlanda … där … vidunder … flyger.*

Det började pirra och bubbla i magen, så ivrig blev jag.

– Wow! Det här är en flygplats, eller hur? En magisk flygplats!

– Det *var* en magisk flygplats, suckade Tamandra.

Sedan dök hon ner, precis framför näsan på mig, och fortsatte dystert:

– I tusentals år har varelser och väsen flugit på Arlanda. Och vi älvor har hjälpt dem. Det ska du veta, Jack Waldemar Nilsson. Här flög häxorna till Blåkulla. Här landade gårdstomtarna med sina gäss. Ja, här flög till och med drakar. Men så kom ni människor och byggde *er* flygplats.

Hon spände blicken i mig och suckade igen:

– Här flyger inga vidunder längre … bara flygmaskiner.

Plötsligt lade Tamandra pannan i djupa veck. Hon såg på oss, en efter en. Till sist stannade hennes blick på Nåni.

– Människor, vättar och troll? sa hon. Sådana varelser ser man inte ofta tillsammans. Varför har ni kommit hit?

Mamma klev närmare och tog älvans hand i sin.

– Tamandra, sa hon. Du måste hjälpa oss. Du är vårt enda hopp.

– Du förstår, fortsatte pappa. Vi måste flyga till järngruvan i Kiruna. Nu med detsamma. Vi tänkte låna en flygande matta. Går det bra? Eller kanske ett par kvastar?

Tamandra ruskade på huvudet. Hennes silvergråa hår gungade, och hon såg ännu sorgsnare ut.

Så vände hon sig mot mig.

– Inte ens du, trollkunniga pojke, kan flyga på kvastar och flygande mattor. Sånt klarar bara de främsta häxorna. Och även de brukar ramla av ibland. Jag är ledsen, människor. Ni kan inte flyga. Det är omöjligt.

Omöjligt …

När hon sa det kändes det som att min kropp frös till is.

De andra blev lika förskräckta. Mina föräldrar och Betty blev alldeles bleka, och Nåni grep tag i Ruriks hand.

– Men … men, stammade jag. Vi MÅSTE flyga till järngruvan! Fattar du? Vi måste befria min lillasyster innan midnatt! Annars … annars …

Jag viskade med gråten i halsen:

– Annars får jag nog aldrig se henne igen.

Den lilla älvan såg fundersamt på mig. Så började hon sväva runt ett avloppsrör och mumla för sig själv:

– Ja … jo … Farligt förstås … Men kanske finns det ett sätt … Kanske, kanske.

– Hur då? ropade jag. Vad pratar du om? Berätta!

För första gången sprack Tamandra upp i ett leende.

– Kom, människobarn! Kom!

Hon flög bort mellan kvastar och brinnande

facklor, och vi sprang genom jordhålan för att hinna med.

Det var som ett stall här nere, det såg jag nu. Men allt var mycket större.

Spiltorna var stora som gymnastiksalen i min skola, och överallt hängde träskyltar. De var smutsiga och slitna, men jag lyckades läsa några.

Fenix-fåglar, stod det på en.

Pegasus – den bevingade hästen, på en annan.

Men spiltorna var tomma och övergivna. Här hade inga vidunder varit på väldigt länge, det märktes.

Till sist landade Tamandra på en stängd trädörr. Där grep hon tag i den rostiga haspen och tittade på oss.

– Se upp nu! sa hon. Han har aldrig sett människor förut. Han tror kanske att ni är hans frukost.

Sedan lyfte hon haspen och öppnade dörren.

-11-
GYLLENVINGE

Dörren gled upp med ett knarr.

Och där, i den halvdunkla spiltan, stod ett vidunder.

Jag hade aldrig sett något liknande. Inte ens i trolldomsböckerna som vi hade hemma i brödrostverkstan.

Vidundret var ett lejon. Men det hade ett örnhuvud, och dess väldiga vingar glänste som guld i facklornas sken.

Näbben var lång och spetsig, och klorna så

vassa att det gjorde ont att titta på dem.

Mina föräldrar stirrade på den skräckinjagande varelsen. Jag har nog aldrig sett dem så häpna.

– En … en grip! flämtade mamma.

– J-jag trodde inte att de fanns på riktigt, viskade pappa.

Tamandra såg inte längre sorgsen ut. Med ett leende på läpparna flög hon fram till gripen.

– God morgon, Gyllenvinge. Hoppas du har sovit gott, sa hon och smekte fjädrarna på hans huvud.

Så vände hon sig mot oss.

– Alla vidunder lämnade Arlanda. Ja, när människorna byggde flygplatsen. Men Gyllenvinge var bara en liten grip-unge. Alldeles nyfödd och rädd. Så han stannade här med mig.

Att varelsen som stod där framför oss hade varit liten och rädd var svårt att tänka sig.

När han såg på oss ryggade vi tillbaka, skräckslagna. Men Betty rörde sig inte ur fläcken. Hon tittade bara nyfiket.

– Fantastiskt … otroligt! sa hon. Men en grip kan inte stå här i underjorden hela tiden. Han måste flyga, eller hur?

Tamandra nickade.

– Ibland, när nätterna är riktigt mörka och alla människor sover, då smyger vi ut, Gyllenvinge och jag. Och så flyger vi! Då brer han ut vingarna och svävar över höghus och fotbollsplaner! Det älskar du, inte sant?

Gyllenvinge skränade högt och slog med sin långa lejonsvans. Det var nog hans sätt att säga: *Jaaa!*

Då skrattade Tamandra och landade varsamt på hans nacke.

– Kära vän, sa hon. Vill du flyga med dessa varelser? Vill du ta dem på din rygg och flyga

över skogar och berg? Över städer och sjöar? Långt, långt, långt! Till nordligaste Norrland! Vill du det?

Gripen såg misstänksamt på oss. Han morrade och fällde ut sina klor. De var långa och vassa som spjut.

Så klampade han närmare och luktade på Nåni och mina föräldrar. Sedan petade han med näbben på Rurik.

För ett ögonblick trodde jag att han skulle sluka den lilla vätten.

– Hörrudu, kattfågel! fräste Rurik och drog sitt svärd. Jag är INTE din frukost! Bara så du vet!

Då klev min moster fram.

Betty var van vid farliga väsen. Hon brukade ta hand om skadade lindormar, och ibland hjälpte hon sjöodjur som hade fastnat i fiskenät.

Nu smekte hon gripens näbb och log:

– Klart du vill ta en flygtur med oss. Eller hur, grabben?

Gyllenvinge tittade en stund på Betty. Sedan lade han ena vingen om henne, så där som man kramar en gammal vän.

Hur hade det här slutat om inte Betty varit med? Det vågar jag inte ens tänka på.

Den väldiga gripen sträckte ut sin framtass – som en trappa – och vi klättrade försiktigt upp på hans rygg.

Vi fick precis plats allihop. Betty satt längst fram med armarna om hans örnhals. Mamma, Nåni och jag satt där bak, vid svansen.

Längst in i spiltan fanns en järnport. Den öppnade Tamandra nu. Då rusade Gyllenvinge ut med sådan fart att vi nästan ramlade av.

– Storebror! tjoade Nåni. Det här är lika roligt som att åka motorcykel!

– Ja! skrattade jag och såg mig omkring.

Vi befann oss i en skog. Arlandas landningsbanor skymtade bortom träden, och jag kunde höra dånet från alla flygplan.

Mellan träden fanns en lång, upptrampad stig. Här hade Gyllenvinge sprungit många gånger, det märktes. Han kunde precis sträcka ut sina vingar.

– Tack för hjälpen, Tamandra. *Lå hemaja!* sa mamma.

– *Lå hemaja!* svarade älvan.

Så vände hon sig mot Gyllenvinge.

– Flyg, kära vän! Flyg längre än du någonsin flugit förut!

Gripen stampade med baktassarna. Sedan började han springa på skogsstigen, fortare och fortare.

Vinden piskade mot våra ansikten. Träden susade förbi, och pappa skrek för att överrösta dånet:

– Jack! Det finns inga säkerhetsbälten! Det gäller att hålla i sig!

– Jag vet! ropade jag lyckligt och höll ännu hårdare om Gyllenvinges päls.

Vi hade klarat det!

För bara några timmar sedan hade vi suttit inlåsta i den hemska järnburen, högst upp i trollgrottan.

Nu skulle vi flyga på ett vidunder – och befria Ebba!

Med bultande hjärta klamrade jag mig fast på Gyllenvinges rygg och tittade upp mot vårhimlen. Hans örnvingar glittrade i solen och slog fort, fort, fort.

Då hördes ett vrål …

En fruktansvärd skepnad reste sig plötsligt över trädtopparna, och jag fick bara ur mig ett enda ord:

– NEEEEEJ!

-12-
UTAN MIG

Det var stortrollet!

Med väldiga kliv rusade han fram mellan träden och svingade sin spikklubba.

– STAAANNAAAA! ANNARS GÖR JAG MÄNNISKO-MOS AV ER!

Gyllenvinge sprang på stigen, så fort han kunde. Han flaxade och försökte få luft under vingarna. Men det är inte lätt att flyga med människor och varelser på ryggen.

– Du klarar det! ropade Betty och smekte

hans nacke. Du klarar det! Det *vet* jag!

Bakom oss hörde jag hur trollet närmade sig. Marken skakade för varje steg han tog, och jag kunde känna hans varma, hemska andetag i nacken.

Då lyfte Gyllenvinge från marken!

Det pirrade i hela kroppen när vi flög över trädtopparna, upp mot den soliga himlen.

– YES! jublade jag. Vi klarade det!

I samma ögonblick sträckte trollet ut sin väldiga hand och högg tag i Gyllenvinges svans.

Den stackars gripen slog med vingarna och sparkade med baktassarna, men kunde inte komma loss.

Stortrollet flinade så brett att jag kunde se hans ruttna tänder.

– MÄNNISKO-DÅRAR! skrek han. FATTAR NI DÅLIGT? NI SKA *INTE* FLYGA TILL GRUVAN!

Det var då jag bestämde mig.

Med tårar i ögonen såg jag på mina föräldrar och ropade:

– Mamma … pappa! Flyg till järngruvan utan mig! Ni måste befria Ebba! LOVA DET!

Sedan hoppade jag ner på stortrollets väldiga hand.

Trollet blev nog lika förvånad som mina föräldrar. Han försökte skaka bort mig, men jag klamrade mig fast på hans krokiga, håriga fingrar.

Tankarna blixtrade genom mitt huvud, men jag kom inte på någon trolldom som kunde hjälpa mig. Det fanns bara en sak att göra.

Jag bet honom i tummen.

– AAAAAAAAAUUUU!

Trollets skrik hördes nog över hela Arlanda. Han snubblade och tappade taget om svansen.

Gyllenvinge var fri!

– Flyg! flämtade jag. Flyg, min vän!

Med kraftfulla vingslag flög vidundret iväg, och på hans rygg satt Nåni, Rurik, Betty och mina föräldrar.

De tittade ner – alldeles förskräckta – och ropade:

– JAAAAACK!

– STOREBROR!

Det var det sista jag hörde.

Gyllenvinge flög allt högre. Snart försvann han över molnen – bort mot järngruvan – och jag var ensam kvar.

I trollets näve …

LEGENDEN OM JACK

fortsätter i:

TROLL I JÄRNGRUVAN

JAKTEN PÅ JACK

Del 1

Del 2

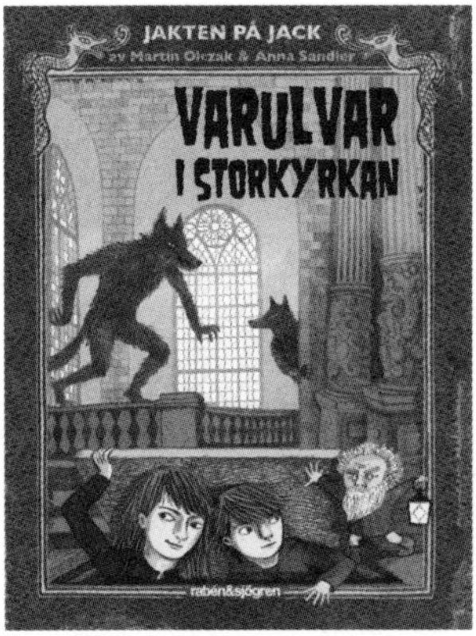

Del 3

Del 4

SPÅDOMEN OM JACK

Del 1

Del 2

Del 3

Del 4

JACKS FÖRBANNELSE

Del 1

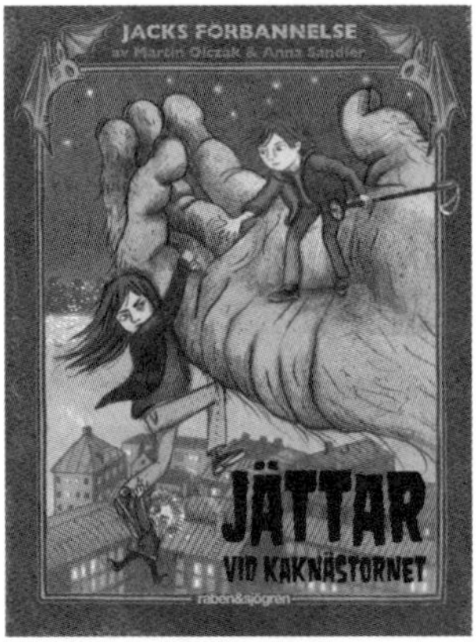

Del 2

Del 3

Del 4

SPÅDOMEN OM JACK

Del 1

Del 2

Del 3

Del 4

JACKS FÖRBANNELSE

Del 1

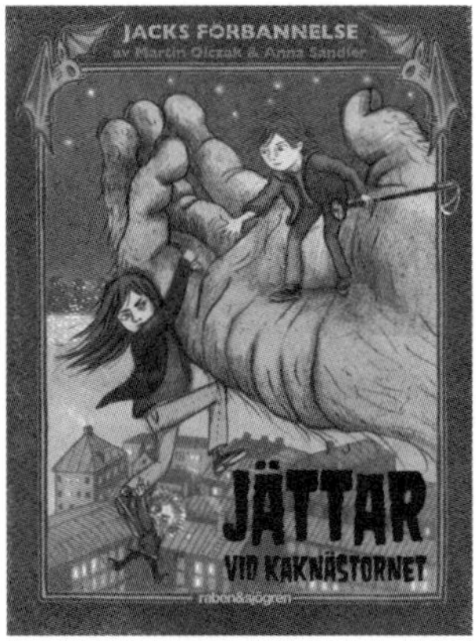

Del 2

Del 3

Del 4

LEGENDEN OM JACK

Del 1

Del 2

Del 3

Del 4, oktober 2020